Recetas Veganas Mexicanas

Deliciosas recetas veganas que
satisfacen el alma, desde
tamales hasta tostadas, que
complementan el estilo de vida
vegano.

Acerca del Libro

La única intención de este libro es que conozcas las recetas veganas mexicanas. Si te gusta la comida vegana y quieres añade algo especial a tu dieta, entonces este es el libro perfecto para ti. Puede parecer que no hay muchas opciones para los veganos, pero eso no es cierto en absoluto. La cocina mexicana es muy compatible con este estilo de vida y tiene muchas recetas que se adaptan perfectamente a las necesidades de cualquier persona que siga una dieta vegana.

Mucha gente todavía piensa que los veganos no tienen muchas opciones en cuanto a la comida. Este libro romperá completamente esa creencia. Las recetas que se mencionan aquí son de muy buen gusto y definitivamente complacerán a tus papilas gustativas. Es muy fácil aburrirse con este modo de alimentación. La gente no tiende a buscar en las diversas opciones disponibles. Este libro es perfecto para cualquiera que quiera tener comida intrigante y deliciosa. Si pruebas las diferentes recetas que se mencionan en el libro, disfrutarás mucho más de tu estilo de vida vegano.

Las recetas mencionadas incorporan ingredientes tradicionales mexicanos. Así que no tienes que limitarte sólo al libro. Puedes cocinar diferentes cosas inspirándote en las recetas que verás. Puede ser difícil crear platos veganos únicos y divertidos, pero ese es el objetivo de este libro. Puedes cocinar comidas que mantendrán tu paladar feliz y también te ayudarán a disfrutar del arte de la cocina.

Este libro ha sido escrito para combatir el estigma social que se ha asociado con la palabra "vegano". La comida vegana no tiene por qué ser sosa e insípida. Las recetas mencionadas aquí pueden incorporar todo tipo de paladares y puedes cocinar algo de sabrosa comida tradicional mexicana. Este libro se asegurará de que no restrinjas tus papilas gustativas para seguir una dieta vegana. Puedes disfrutar de tu alimentación y al mismo tiempo seguir un estilo de vida vegano.

Tabla de Contenido

Introducción

Es una creencia común que la dieta vegana es monótona y no deja mucho espacio para la alegría y la variedad. Este libro te ayudará a vencer esta creencia. Las recetas que se mencionan están hechas con el propósito de disfrutar. Si las sigues, entonces definitivamente serás capaz de cocinar comida que es saludable y sabrosa. Así que puedes decir adiós a la monótona comida vegana que has sido forzado a comer hasta ahora. No tienes que comprometer tus hábitos alimenticios; puedes comer comida que es tan sabrosa como vegana.

Las recetas de este libro se aseguran de que "vegano" y "delicioso" no sean dos conceptos exclusivos.

Este libro también está hecho con un sentido de exploración. No tienes que restringirte sólo al libro, ya que puedes crear tus propias recetas. Cada receta mencionada aquí utiliza ingredientes tradicionales mexicanos. Si cocinas todos los platos mencionados en este libro, entonces definitivamente tendrás una buena comprensión de lo que implica la gastronomía mexicana. Esto te ayudará a crear tus propias recetas y a experimentar más con los ingredientes.

La cocina mexicana es extremadamente exquisita y excéntrica. Es una fusión de recetas de muchas naciones diferentes, especialmente aquellas que tienen una población predominantemente de habla hispana. La cocina mexicana es famosa por su estilo único y de buen gusto. Las recetas que se mencionan en este libro se han hecho teniendo en cuenta esta esencia de la cocina mexicana. Definitivamente encontrarás la ardiente deliciosidad que generalmente acompaña a su gastronomía en todas las recetas. Por lo tanto, hemos hecho todo lo posible para asegurarnos de que la cocina mexicana vegana todavía tiene la exquisitez general que asociamos con la versión no vegana. Hay una gran variedad de recetas que se han mencionado en este libro que son suficientes para satisfacer todas tus necesidades. Ya no tienes que seguir la misma vieja dieta, puedes cocinar una nueva receta todos los días. Puedes experimentar y disfrutar haciendo cosas que seguramente te encantarán.

Me gustaría agradecerte por haber elegido este libro y espero que sea suficiente para romper la monotonía que generalmente acompaña a una dieta vegana.

Capítulo 1: Recetas de Salsas Veganas Mexicanas
Salsa Roja de Molcajete

Prep: 10 min	Total: 60 min	Porciones: 8-10

Ingredientes:

- 2 libras de tomates, sin semillas
- 2 dientes de ajo, pelados
- 4 chiles serranos frescos
- 1/2 cucharadita de sal fina

Instrucciones:

1. Pon los tomates en una bandeja de horno forrada con el lado del corazón hacia arriba. Coloca los chiles entre los tomates. Asa en un horno precalentado a 500° F durante unos 30 minutos y gira los chiles después de unos 8 minutos. Saca los chiles del horno cuando estén tiernos y ligeramente carbonizados.
2. Continúa cocinando los tomates hasta que estén ligeramente carbonizados. Retira del horno. Deja enfriar.
3. Pela la piel de los tomates y los chiles.
4. Añade todos los ingredientes a la licuadora y bátelos hasta que estén suaves.
5. Prueba y añade más sal si es necesario.

Salsa Verde Cruda

Prep: 10 min	Total: 12 min	Porciones: 6-8

Ingredientes:

- 1 libra de tomatillos, descascarados, enjuagados, picados
- 1/4 de taza de cebolla blanca, picada
- 1 taza de cilantro, picado
- 2 dientes grandes de ajo, pelados
- 4 chiles serranos o jalapeños frescos, picados
- 1 1/2 cucharaditas de sal

Instrucciones:

1. Añade todos los ingredientes en una licuadora y mézclalos hasta que estén suaves.
2. Prueba y añade más sal si es necesario.

Salsa de Tomate

Prep: 15 min	Total: 17 min + Tiempo de Reposo	Porciones: 8-?

Ingredientes:

- 4 tomates grandes, finamente picados
- 2 cucharadas de cebolla roja, picada
- 2 pimientos jalapeños, picados
- 1/4 de taza de cilantro fresco, picado
- 1 cucharadita de chile en polvo
- 1/2 cucharadita de pimienta de cayena
- 3 cucharadas de jugo de lima
- 4 cucharadas de aceite de oliva extra virgen
- 1 cucharadita de sal marina

Instrucciones:

1. Mezcla todos los ingredientes en un tazón.
2. Deja enfriar en el refrigerador y sirve después.

Guacamole

Prep: 15 min	Total: 16 min	Porciones: 6-8

Ingredientes:

- 2 aguacates, pelados, sin semillas, machacados con un tenedor
- 2 pequeños dientes de ajo, finamente cortados o rallados
- 2 cucharadas de jugo de lima
- 1 tomate, cortado en cubos
- 1 cebolla blanca, finamente picada
- 1 cucharadita de sal marina
- 1/2 taza de cilantro fresco, finamente picado
- 1 chile jalapeño, cortado finamente
- Pimienta en polvo negra a gusto

Instrucciones:

1. Mezcla todos los ingredientes en un tazón.

Guacamole Taquero

Prep: 15 min	Total: 17 min	Porciones: 10-12

Ingredientes:

- 16 onzas de tomatillos, descascarados, enjuagados, picados
- 4 dientes de ajo, pelados
- 2 aguacates maduros, pelados, deshuesados, picados
- 1 taza de cilantro fresco
- 4 chiles serranos, picados
- 2 cucharadas de jugo de lima
- 1 cebolla pequeña, cortada en cuartos
- 1 1/2 cucharaditas de sal

Instrucciones:

1. Añade todos los ingredientes a una licuadora y bate hasta que esté suave.
2. Prueba y añade más sal si es necesario.

Guacamole de Frijoles Negros

Prep: 15 min	Total: 16 min	Porciones: 10-12

Ingredientes:

1. 2 aguacates, pelados, sin semillas, machacados con un tenedor
2. 1 taza de frijoles negros en lata, enjuagados, escurridos, machacados con un tenedor
3. 4 cucharadas de jugo de lima
4. 1 tomate, cortado en cubos
5. 2 cebolletas, finamente picadas
6. 1 cucharadita de sal marina
7. 1/4 de taza de cilantro fresco, finamente picado
8. 1 chile jalapeño, cortado finamente
9. Pimienta en polvo negra a gusto

Instrucciones:

1. Mezcla todos los ingredientes en un tazón.

Pico de Gallo

Prep: 10 min	Total: 11 min	Porciones: 6-8

Ingredientes:

- 4 tomates medianos, finamente picados
- 1 taza de cebolla roja, picada
- 2 pimientos serranos, picados
- 1/4 de taza de cilantro fresco, picado
- 3 cucharadas de jugo de lima
- 3 cucharaditas de cáscara de limón, finamente rallada
- 1 cucharadita de sal marina

Instrucciones:

2. Mezcla todos los ingredientes en un tazón.
3. Prueba y añade más sal si es necesario.
4. Deja enfriar en la nevera y sirve más tarde.

Salsa de Mango con Melocotones

Prep: 10 min	Total: 11 min	Porciones: 4-6

Ingredientes:

- 1 melocotón, pelado, deshuesado, picado
- 1 mango, pelado, picado
- 2 dientes de ajo, picados
- 1 cebolla pequeña, picada
- 1 cucharada de cilantro fresco, picado
- Sal y pimienta al gusto
- 2 cucharadas de jugo de limón

Instrucciones:

1. Mezcla todos los ingredientes en un tazón.
2. Deja enfriar en el refrigerador y sirve después.

Chiltomate

Prep: 10 min	Total: 55 min	Porciones: 5- 7

Ingredientes:

- 3/4 de libra de tomates, sin corazón
- 2 dientes de ajo, pelados, aplastados
- 2 chiles habaneros
- 2 cucharadas de cebolla blanca, picada
- 1 cucharada de aceite de oliva

Instrucciones:

1. Pon los tomates en una bandeja de horno forrada con el lado del corazón hacia arriba. Coloca los chiles junto a los tomates. Asa en un horno precalentado a 500° F durante unos 30 minutos y gira los chiles después de unos 8 minutos. Saca los chiles del horno cuando estén tiernos y ligeramente carbonizados.
2. Continúa cocinando los tomates hasta que estén ligeramente carbonizados. Retira del horno. Déjalos a un lado para que se enfríen.
3. Pela la piel de los tomates y los chiles.
4. Añade los tomates, los chiles y la sal en una licuadora y bate hasta que estén suaves.
5. Mientras tanto, coloca una sartén a fuego medio. Añade el aceite. Cuando el aceite esté caliente, agrega las cebollas y saltea hasta que estén translúcidas.
6. Añade la mezcla a la sartén y revuelve. Cocina a fuego lento durante unos 68 minutos.
7. Retira del fuego y deja que se enfríe.Prueba y añade más sal si es necesario.

Salsa de Tomatillo en Molcajete

Prep: 10 min	Total: 60 min	Porciones: 8-10

Ingredientes:

- 2 libras de tomatillos, descascarados, enjuagados
- 6 dientes de ajo, pelados
- 8 chiles serranos frescos
- 1/4 de taza de cebolla blanca, picada
- 2 cucharadas de aceite de oliva
- 2 cucharadas de jugo de lima
- 1/2 taza de cilantro fresco, picado
- 1/2 cucharadita de sal fina

Instrucciones:

1. Coloca los tomatillos en una bandeja de horno forrada con el lado del corazón hacia arriba. 2. Coloca los chiles y el ajo entre los tomates. Asa en un horno precalentado a 500° F durante unos 30 minutos. Voltear los chiles y el ajo después de unos 8 minutos. Saca los chiles y el ajo del horno cuando estén tiernos y ligeramente carbonizados.
2. Continúa cocinando los tomatillos hasta que estén ligeramente carbonizados. Retira del horno. Deja a un lado para que se enfríen.
3. Pela la piel de los chiles.
4. Añade todos los ingredientes a una licuadora y bátelos hasta que la mezcla sea una pasta áspera.
5. Transfiere la pasta a un tazón. Añade el aceite y revuelve.
6. Prueba y añade más sal si es necesario.

Capítulo 2: Recetas de Desayuno Vegetariano Mexicano
Burritos de Desayuno

Prep: 10 min	Total: 50 min	Porciones: 4

Ingredientes:

- 1 taza de pimiento, cortado en tiras de 2 pulgadas
- 1 taza de papas rojas o doradas, cortadas en pequeños cubos
- 1/2 taza de garbanzos cocidos, escurridos
- Sal al gusto
- Pimienta en polvo al gusto
- 1/2 taza de salsa suave de tu elección
- 1/2 taza de maíz congelado, descongelado
- 1/4 de cucharadita de chile chipotle molido
- 1/2 cucharadita de comino molido
- 2 cucharadas de agua
- Tortillas necesarias

Para la crema de aguacate con comino:

- 1 aguacate mediano, pelado, sin hueso, picado
- 1 cucharadita de agua
- 1/4 de taza de anacardos, remojados en agua calienta durante una hora
- 2 cucharadas de levadura nutricional
- 1 cucharada de salsa de tu elección
- Sal al gusto
- 1 jalapeño, picado
- 1 cucharadita de comino molido

Instrucciones:

1. Coloca las patatas en una bandeja de hornear forrada. Espolvorea sal y pimienta sobre las patatas.
2. Hornea en un horno precalentado a 400° F durante 20 minutos o hasta que estén tiernas.
3. Coloca un molde a fuego medio. Añade 2 cucharadas de agua y pimientos y cocina hasta que toda el agua se seque.
4. Añade el resto de los ingredientes y cocina a fuego lento hasta que la mezcla esté espesa. Retira del fuego y deja a un lado.
5. Para hacer crema de aguacate con comino: Añade todos los ingredientes en una licuadora y bate hasta que esté suave. Si encuentras la mezcla demasiado espesa, añade un poco de agua y revuelve. Puedes hacer variaciones añadiendo ajo o cilantro.
6. Coloca las tortillas en tu área de trabajo. Coloca la mezcla de verduras sobre las tortillas. Añade un poco de crema de aguacate y comino. Enrolla y sirve.

Revoltillo de Tofu Picante Mexicano

Prep: 10 min	Total: 25 min	Porciones: 4

Ingredientes:

- 1 1/2 paquetes de tofu extra firme, escurrido, prensado, colocado en toallas de papel, desmenuzado
- 4 cebollas rojas medianas, picadas
- 4 dientes de ajo, picados
- 1 pimiento rojo, picado
- 1 cucharadita de polvo de chile mexicano
- 3/4 de cucharadita de cilantro molido
- 3/4 de cucharadita de comino molido
- 1 cucharadita de pimentón
- 3/4 de cucharadita de ajo en polvo
- 3 cucharadas de levadura nutricional
- 4 cucharadas de cilantro fresco, picado
- 6 onzas de chiles verdes en lata o use menos si no le gusta el picante
- 2 cucharadas de aceite de oliva
- Salsa fresca como sea necesario
- Sal al gusto
- Pimienta en polvo al gusto
- Tortillas para servir (opcional)
- 1 tomate, picado (opcional)
- 1 aguacate, pelado, deshuesado, cortado en rodajas (opcional)

Instrucciones:

1. Coloca una sartén grande a fuego medio. Añade aceite. Cuando el aceite esté caliente, agrega cebollas, ajo y pimientos. Saltea hasta que las cebollas estén translúcidas.
2. Añade el tofu y los chiles verdes.
3. Mezcla el polvo de chile, el polvo de cilantro, el polvo de comino y el pimentón en un tazón pequeño. Espolvorea esta mezcla sobre el tofu en la sartén y mézclalo bien. Añade la levadura nutricional y vuelve a mezcla.
4. Calienta bien. Añade el cilantro y revuelve.
5. Sírvelo tal cual con salsa o con tortillas si se usa.
6. Si se sirve con tortillas: Coloca el revuelto sobre las tortillas. Espolvorea los tomates y los aguacates por encima. Pon la salsa, enrolla y sirve.

Migas Veganas

Prep: 10 min	Total: 25 min	Porciones: 6-8

Ingredientes:

Para la Salsa Ranchera:

- 9 tomates maduros grandes
- 4 chiles jalapeños o serranos
- 4 dientes de ajo, sin pelar
- 3 cucharadas de aceite de canola
- 3/4 de cucharadita de sal

Para las Migas Veganas:

- 21 onzas de tofu suave, escurrido, colocado en un colador para eliminar cualquier exceso de humedad, desmenuzado
- 5 tortillas de maíz rancias, desgarradas en tiras
- 2 cucharadas de aceite de canola, divididas
- 1/4 de cucharadita de cúrcuma molida
- 6 cebolletas, recortadas, picadas
- 3 chiles jalapeños o serranos, finamente picados (sin pepitas si no te gusta el picante)
- 3/4 de cucharadita de chile chipotle molido
- Sal al gusto
- 3/4 de taza de queso no lácteo, rallado
- 12 tortillas de maíz, calentadas según las instrucciones del paquete.
- 3 tomates ciruela, cortados en cubos
- 1/3 taza de cilantro fresco, picado

Instrucciones:

1. Para la Salsa Ranchera: Coloca una sartén a fuego medio. Agrega los tomates, el ajo y los chiles. Cocina hasta que los tomates estén carbonizados. Voltea los tomates, el ajo y los chiles mientras se cocinan. Sácalos de la sartén uno por uno a medida que se carbonizan.

2. Pela el ajo cuando esté lo suficientemente frío para manejarlo, añade los ingredientes en una licuadora y mezcla hasta que esté suave.

3. Vuelve a colocar la sartén en el fuego. Añade el aceite. Cuando el aceite esté caliente, agrega la mezcla. Añade la sal y mézclala bien. Cocina hasta que esté espesa.

4. Retira del fuego y transfiere a un tazón. Cúbrelo y déjalo a un lado.

5. Para hacer Migas Veganas: Coloca una sartén antiadherente a fuego medio. Añade 1/2 cucharada de aceite. Añade los trozos de tortilla y cocina hasta que estén crujientes y doradas. Sácalas de la sartén y ponlas a un lado en un plato.

6. Vuelve a colocar la sartén en el fuego. Añade el aceite restante. Cuando el aceite esté caliente, agrega el tofu y saltéalo durante un par de minutos.

7. Añade la cúrcuma, los chiles, el chile chipotle en polvo, las cebolletas y la sal. Cocina hasta que la humedad casi se seque. Revuelve con frecuencia.

8. Añade el cilantro, los tomates, el queso y las tiras de tortilla cocidas y crujientes. Saltea durante un par de minutos hasta que el queso se derrita. Sirve aproximadamente 1/4 de taza de Salsa Ranchera en cada uno de los platos.

Enchiladas de Desayuno

Prep: 10 min	Total: 50 min	Porciones: 6

Ingredientes:

- 1/2 libra de tofu firme, cortado en trozos
- 1/2 lata de 15 onzas de frijoles negros, escurridos, enjuagados
- 2 cucharaditas de aceite de oliva
- 1/4 de cucharadita de comino molido
- 1/4 de cucharadita de sal negra
- 1/2 taza de cebollas, picadas
- 3 cucharadas de salsa de tu elección
- 2 dientes de ajo, picados
- 4 cucharadas de cilantro fresco, picado
- Salsa para enchiladas en frasco de 6 onzas
- 6 tortillas de maíz
- Crema de aguacate con comino para servir, ve a la receta de los Burritos de Desayuno

Instrucciones:

1. Coloca una sartén a fuego medio. Añade aceite. Cuando el aceite esté caliente, agrega las cebollas y saltea hasta que estén translúcidas.
2. Añade el ajo y saltea hasta que esté fragante. Añade el tofu y cocina por unos 5 minutos.
3. Añade las judías negras, el comino, el cilantro y la sal negra. Revuelve y calienta a fondo y el líquido de la cacerola debe estar casi seco.
4. Engrasa una cazuela y déjala a un lado.

5. Calienta las tortillas y colócalas en tu área de trabajo. Divide y coloca la mezcla sobre las tortillas y enrolla.
6. Coloca las tortillas enrolladas en la cacerola con la costura hacia abajo.
7. Vierte la salsa para enchiladas sobre las tortillas.
8. Hornea en un horno precalentado a 350° F durante unos 20 minutos.
9. Vierte la salsa de crema de aguacate con comino sobre las enchiladas y sirve.

Revoltillo de Salchichas Vegetarianas para el Desayuno

Prep: 15 min	Total: 30 min	Porciones: 8

Ingredientes:

- 3 salchichas de Tofurkey Kielbasa, picadas en pequeños trozos
- 2 tomates grandes, cortados en pequeños trozos
- 1 1/2 tazas de tofu, picadas en pequeños trozos
- 1 pimiento rojo grande, picado en pequeños trozos
- 1 pimiento amarillo grande, picado en pequeños trozos
- 2 dientes de ajo, en rodajas
- 2 cucharadas de cilantro fresco, picado
- Sal al gusto
- Polvo de chile mexicano al gusto
- 2 cucharadas de aceite de oliva

Instrucciones:

1. Coloca una sartén a fuego medio. Añade aceite. Cuando el aceite esté caliente, agrega el ajo y saltea hasta que esté fragante.
2. Añade el resto de los ingredientes, excepto el cilantro, y sofríe hasta que se calienten completamente.
3. Adorna con el cilantro y sirve.

Quinoa Vegana Mexicana

Prep: 5 min	Total: 20 min	Porciones: 3-4

Ingredientes:

- 3/4 de taza de quinoa, enjuagada
- 2 cucharaditas de aceite
- 1 taza de maíz congelado
- 1 aguacate, pelado, deshuesado, picado
- 1 cebolla verde, en rodajas finas
- 1/4 de taza de cilantro fresco, picado
- 1 cucharadita de ajo, picado
- 1 cebolla mediana, picada
- 1/2 cucharadita de comino molido
- Sal al gusto
- Pimienta en polvo al gusto
- 1/4 de cucharadita de pimienta de cayena
- 1 1/2 tazas de caldo de verduras
- 2 cucharaditas de jugo de lima
- 1 lata de 15 onzas de frijoles rojos, enjuagados, drenados

Ingredientes:

1. Coloca una sartén a fuego medio. Añade aceite. Cuando el aceite esté caliente, agrega la cebolla y saltea hasta que esté translúcida.
2. Añade el ajo y saltea hasta que esté fragante.
3. Añade la quinoa, el comino, la pimienta de cayena, la sal, la pimienta y el caldo de verduras. Lleva a ebullición.
4. Baja el fuego, tapa y cocer a fuego lento hasta que esté casi seco.
5. Añade el maíz, el jugo de limón y los frijoles y revuelve. Cocina hasta que esté seco.

29

6. Cuando esté listo, esponja con un tenedor.
7. Adorna con cilantro y sirve con rodajas de aguacate.

Capítulo 3: Recetas de Sopas Vegetarianas Mexicanas
Sopa de Taco

Prep: 15 min	Total: 15 min	Porciones: 5-6

Ingredientes:

- 1/2 lata de 15 onzas de frijoles, con su líquido
- 1/2 lata de 15 onzas de maíz, con su líquido
- 1/2 lata de 15 onzas de frijoles pintos, con su líquido
- 1/2 lata de 15 onzas de maíz con su líquido
- 1/2 lata de 28 onzas de tomates cortados en dados, con su líquido
- 1/2 lata de 8 onzas de chiles verdes cortados en dados
- 1/2 taza de salsa a tu elección
- 1/2 paquete de 12 onzas de carne molida vegetariana
- 1/4 de taza de jalapeños, cortados en cubos
- 1 1/2 cucharaditas de ajo, picado
- 1 cebolla pequeña, picada
- 1 cucharada de aceite
- Sazonador de tacos al gusto

Para adornar:

- 2 cucharadas de cilantro
- 1/4 de taza de crema agria vegetariana
- 1 aguacate mediano maduro, pelado, sin hueso, picado
- Tortillas fritas según sea necesario

Instrucciones:

1. Coloca una sartén a fuego medio. Añade aceite. Cuando el aceite esté caliente, agrega las cebollas, el ajo y la carne molida

vegetariana y saltea hasta que se cocine. Transfiere el contenido a una olla.

2. Coloca la olla a fuego medio. Añade el resto de los ingredientes de la sopa a la olla y revuelve. Lleva a ebullición.

3. Sirve la sopa en los tazones de sopa. Adorna con aguacate y cilantro. Por último, cubre con chips de tortilla y sirve.

Sopa de Arroz Mexicana

Prep: 15 min	Total: 45 min	Porciones: 8-10

Ingredientes:

- 1/2 taza de arroz de grano corto, escurrido, remojado en agua durante 15 minutos si es posible.
- 2 tortillas de harina
- 2/3 taza de granos de maíz congelados
- 4 cebollas verdes, cortadas en rodajas finas
- 2 tazas de tomates, picados
- 1/2 taza de cilantro fresco, picado
- 2 cucharadas de aceite de oliva
- 6 tazas de caldo de verduras
- 3 tazas de agua
- 4 cucharaditas de ajo, picado
- 2 cucharaditas de orégano seco
- 1 cebolla grande, finamente picada
- 1 cucharada de cáscara de cal, rallada
- Sal al gusto
- Pimienta en polvo al gusto
- Trozos de lima para servir
- 1 aguacate, pelado, deshuesado, picado
- Salsa picante para servir (opcional)
- Spray de cocina

Instrucciones:

1. Coloca una cacerola grande a fuego medio. Añade el aceite. Cuando el aceite esté caliente, agrega las cebollas y saltea hasta que estén translúcidas.

33

2. Añade el ajo y saltea hasta que esté fragante.
3. Añade caldo, cáscara de limón, orégano y agua y deja hervir.
4. Baja el fuego y coce a fuego lento durante unos 15 minutos. Ahora, cuela el líquido y déjalo a un lado. Desecha los sólidos.
5. Vuelve a verter la salsa en la cacerola. Coloca la cacerola a fuego medio. Añade el arroz y ponlo a hervir.
6. Baja el fuego, cúbrelo y cocina a fuego lento hasta que el arroz esté cocido.
7. Añade los tomates, la sal de maíz y la pimienta y cocina a fuego lento hasta que los tomates estén blandos.
8. Mientras tanto, rocía las tortillas con spray de cocina y córtalas en tiras finas. Coloca las tiras en una bandeja de hornear e introdúcela en un horno precalentado a 325° F hasta que las tiras de tortilla estén crujientes.
9. Vierte la sopa en los tazones de sopa. Espolvorea cebollas verdes, cilantro y aguacate. Servir con crujientes tiras de tortilla y trozos de lima. Esparce un poco de salsa picante si quieres y sirve.

Sopa de Tortilla

Prep: 15 min	Total: 45 min	Porciones: 8

Ingredientes:

- 8 tortillas de maíz, cortadas en tiras
- 1 1/2 tazas de frijoles negros cocidos, enjuagados, escurridos
- 3 tazas de tomates, picados
- 1/2 taza de cilantro fresco, picado
- 2 cucharadas de aceite de oliva
- 8 tazas de caldo de verduras
- 1 calabacín mediano, picado
- 4 cucharaditas de ajo, picado
- 2 cucharaditas de orégano seco
- 1 cebolla grande, finamente picada
- 2 cucharadas de pasta de tomate
- Sal al gusto
- Pimienta en polvo al gusto
- 1 cucharadita de comino molido
- 1 cucharadita de chile en polvo o al gusto
- 3 cucharadas de chile jalapeño, sin semillas, picado
- Spray de cocina

Instrucciones:

1. Coloca una cacerola o sartén grande a fuego medio. Rocía el spray de cocina sobre ella.
2. Añade la cebolla y el ajo y saltéalos hasta que estén translúcidos.
3. Añade la pasta de tomate, el comino y el chile en polvo y saltea durante unos segundos.

4. Añade el caldo y la mitad del cilantro. Revuelve y lleva a ebullición.
5. Baja el fuego, tapa y coce a fuego lento durante 12-15 minutos.
6. Añade el resto de los ingredientes, excepto el cilantro, y cocina a fuego lento hasta que el calabacín esté cocido.
7. Colócalo en los tazones de sopa. Adorna con cilantro y sirve.

Sopa de Vegetales

Prep: 15 min	Total: 45 min	Porciones: 5-6

Ingredientes:

- 1 pimiento verde, picado
- 1 pimiento rojo, picado
- 1 chile jalapeño, sin semillas, picado
- 1 calabacín pequeño, picado
- 2 dientes de ajo, picados
- 1 cebolla roja, picada
- Una lata de 15 onzas de frijoles negros, enjuagados, drenados
- 1 lata de 4 onzas de chiles verdes en cuadritos pequeños
- 1/2 taza de maíz congelado
- 1/2 lata de 28 onzas de tomates cortados en dados
- Sal al gusto
- Pimienta en polvo al gusto
- 1/2 cucharadita de orégano seco
- 1 cucharada de comino molido
- 1/4 de cucharadita de pimienta de cayena
- 5 tazas de caldo de verduras
- 1 cucharada de aceite de oliva
- Crema agria vegana para servir
- Queso vegano, rallado para servir

Instrucciones:

1. Coloca una olla a fuego medio. Añade el aceite. Cuando el aceite esté caliente, agrega las cebollas y saltéalas hasta que estén translúcidas.

2. Añade los pimientos y los jalapeños. Saltea hasta que estén tiernos.
3. Añade el ajo, el comino, el orégano y la pimienta de cayena y saltéalos hasta que estén fragantes.
4. Añade los tomates, los chiles verdes y el caldo. Revuelve y lleva a ebullición.
5. Reduce el fuego, tapa y cocina a fuego lento durante 8-10 minutos.
6. Añade las judías, el maíz y el calabacín. Continúa hirviendo a fuego lento hasta que el calabacín esté tierno.
7. Colócalo en tazones de sopa y sírvelo adornado con crema agria vegetariana y queso.

Sopa de Calabacín

Prep: 15 min	Total: 40 min	Porciones: 8

Ingredientes:

- 1 cebolla grande, finamente picada
- 3 tazas de maíz
- 4 tazas de calabacín, finamente picado
- 5 tazas de caldo de verduras
- 4 cucharadas de chile jalapeño, finamente picado
- 3 cucharaditas de mantequilla vegetariana
- 4 cucharadas de levadura nutricional o queso vegetariano
- 2 tazas de yogur de soja
- Pimienta en polvo al gusto
- Sal al gusto
- 1/8 de cucharadita de nuez moscada molida
- 2 cucharadas de perejil fresco, picado

Instrucciones:

1. Coloca una olla grande a fuego medio. Añade la mantequilla vegana. Cuando la mantequilla se derrita, agrega las cebollas y saltea hasta que estén translúcidas.
2. Añade el calabacín y saltéalo hasta que esté ligeramente tierno.
3. Añade el caldo, el maíz, la pimienta en polvo, la sal y los jalapeños. Revuelve y lleva a ebullición.
4. Baja el fuego, cubrir y cocina hasta que esté suave.
5. Retira del fuego. Añade el yogur de soja y la levadura nutricional y revuelve.
6. Colócalo en los tazones de sopa. Adorna con perejil y nuez moscada y sirve.

Sopa de Frijoles Negros y Salsa

Prep: 10 min	Total: 20 min	Porciones: 6

Ingredientes:

- 3 latas de 15 onzas de frijoles negros, escurridos, enjuagados
- 1 1/2 tazas de salsa con trozos de tu elección
- 6 cucharadas de crema agria vegetariana
- Sal al gusto
- Pimienta en polvo al gusto
- 4 tazas de caldo de verduras
- 2 cebollas verdes cortadas en rodajas finas

Instrucciones:

1. Añade los frijoles, el caldo, la salsa, la sal, la pimienta y el comino en una licuadora y bate hasta que esté suave.
2. Pasa el contenido a una cacerola. Coloca la cacerola a fuego medio y llévala a ebullición.
3. Colócalo en los tazones de sopa. Adorna con cebollas verdes y crema agria y sirve.

Capítulo 4: Recetas de Ensaladas Vegetarianas Mexicanas

Ensalada de Patatas con Aderezo

Prep: 10 min	Total: 12 min	Porciones: 4

Ingredientes:

- 4 tazas de papas, cortadas en cubos, picadas
- 1/2 taza de salsa de tu elección
- 1/2 taza de mayonesa vegetariana
- 1/2 taza de cebollas, picadas
- 2 tallos de apio, cortados finamente
- 3 cucharadas de crema agria vegetariana
- 3/4 de taza de queso cheddar vegano, rallado
- 2 cucharadas de perejil fresco, picado

Instrucciones:

1. Para hacer el aderezo: Mezcla en un bol, mayonesa vegetariana, crema agria, salsa y perejil y reservar.
2. Añade el resto de los ingredientes en un tazón. Vierte el aderezo y mezcla bien.
3. Cubre, enfría y sirve más tarde.

Ensalada Mexicana Picante

Prep: 25 min	Total: 30 min	Porciones: 3-4

Ingredientes:

- 2 tomates, picados
- 1 tallo de apio, picado
- 1 taza de granos de maíz
- 1 aguacate grande y maduro, pelado, deshuesado, picado
- 1 pimiento rojo mediano, picado
- 2 cebollas verdes, en rodajas
- 3/4 de taza de lentejas germinadas o cualquier otro brote de tu elección

Para el aderezo:

- 1 chile verde, picado
- 3 cucharadas de jugo fresco de lima
- 1 diente de ajo grande, picado
- 4 cucharaditas de aceite de oliva extra virgen
- 1 1/2 cucharadas de tamari o salsa de soja
- 2 cucharaditas de aceite de semillas de lino
- 1/2 cucharadita de comino molido
- 1 cucharada de néctar de agave o jarabe de arce

Instrucciones:

1. Bate todos los ingredientes para el aderezo en un tazón y déjalos a un lado por unos 30 minutos.
2. Añade todos los ingredientes para la ensalada en un bol.
3. Vierte el aderezo encima. Mezcla bien y sirve.

Ensalada de Quinoa Tempeh

Prep: 15 min	Total: 45 min	Porciones: 4-6

Ingredientes:

- 1 cebolla grande, picada
- 1 pimiento amarillo mediano, picado
- 1 pimiento rojo mediano, picado
- 1 1/2 tazas de quinoa
- 4 cucharaditas de aceite de oliva
- 3 tazas de agua
- 1 1/2 tazas de salsa
- Sal al gusto
- Pimienta en polvo al gusto
- 1/2 cucharadita de pimienta de cayena
- 1 1/2 tazas de maíz
- 1 1/2 8 onzas de paquetes de tempeh, al cubo
- 4 cucharadas de jugo de lima
- 1 lata de 15 onzas de frijoles negros, escurridos, enjuagados
- 1/4 de taza de cilantro fresco, picado
- 1 1/2 cucharaditas de comino molido
- 1 aguacate grande, pelado, deshuesado, cortado en rebanadas
- 3/4 de taza de tomates cherry, cortados por la mitad

Instrucciones:

1. Coloca una olla a fuego alto. Añade agua y quinoa, cúbrela y ponla a hervir.

43

2. Baja el fuego y deja a fuego lento hasta que la quinoa esté cocida y toda el agua se absorba. Cuando esté listo, remueve con un tenedor.
3. Mientras tanto, coloca una cacerola a fuego medio. Añade el aceite. Cuando el aceite esté caliente, agrega las cebollas y saltéalas hasta que estén transparentes.
4. Añade los pimientos, el tempeh, la salsa, el jugo de limón, el comino, la pimienta de cayena, la sal y la pimienta.
5. Cocina durante unos 15 minutos. Remueve la mezcla un par de veces mientras se cocina. Retira del fuego y deja enfriar durante 10 minutos.
6. Añade la quinoa cocida, la mezcla de tempeh, el maíz, los frijoles, los tomates y el cilantro en un recipiente. Sazonar con sal y pimienta. Mezcla bien y sirve cubierto con aguacate.

Ensalada de Frijoles Mexicanos

Prep: 5 min	Total: 40 min	Porciones: 6 - 8

Ingredientes:

- 1 1/2 latas de 15 onzas de frijoles, escurridos, enjuagados
- 1 lata de 15 onzas de frijoles negros, escurridos, enjuagados
- 1 1/2 latas de 15 onzas de frijoles cannellini, escurridos, enjuagados
- 1 1/2 paquetes de 10 onzas de maíz congelado
- 1 pimiento rojo grande, picado
- 1 pimiento verde grande, picado
- 1 cebolla roja grande, picada

Para el aderezo:

- 3/4 de taza de vinagre de vino tinto
- 3/4 de taza de aceite de oliva
- 2 cucharadas de jugo de limón
- 1/4 de taza de jugo de lima
- Sal al gusto
- Pimienta en polvo al gusto
- 3/4 de cucharadita de chile en polvo
- 1/4 de taza de azúcar blanca
- 1 cucharada de comino molido
- 2 dientes de ajo, aplastados
- 1 cucharadita de salsa picante
- 1/3 taza de cilantro fresco, picado

Instrucciones:

1. Bate todos los ingredientes para el aderezo en un tazón y déjalos a un lado por unos 30 minutos.
2. Añade todos los ingredientes de la ensalada en un bol.
3. Vierte el aderezo encima. Mezcla bien y sirve.

Ensalada de Garbanzos

Prep: 15 min	Total: 17 min	Porciones: 8

Ingredientes:

- 4 tazas de garbanzos cocidos, escurridos,
- 6 cebollas verdes, cortadas en rodajas finas
- 1 aguacate grande y maduro, pelado, deshuesado, picado
- 1/2 taza de cilantro fresco, picado

Para el aderezo:

- 1/4 de taza de aceite de oliva extra virgen
- 1/2 cucharadita de chile en polvo
- 2 cucharaditas de comino molido
- 1/2 cucharadita de sal o al gusto
- 2 cucharadas de jugo de limón

Instrucciones:

1. Bate todos los ingredientes para el aderezo en un tazón y déjalos a un lado por unos 30 minutos.
2. Añade todos los ingredientes de la ensalada en un bol.
3. Vierte el aderezo encima. Mezcla bien y sirve.

Ensalada de Humus

Prep: 10 min	Total: 12 min	Porciones: 4

Ingredientes:

- 4 tazas de verduras mezcladas, enjuagadas y secadas.
- 1 aguacate, pelado, deshuesado, rebanado
- 1/2 taza de maíz
- 810 tomates cherry, cortados por la mitad
- 2 cucharadas de cilantro fresco
- 1/2 taza de lima cilantro o ajo cilantro o humus de aguacate
- 1 pimiento naranja o amarillo mediano, picado
- 1/2 cucharadita de pimienta recién cortada
- 2 cucharadas de jugo de lima (si se usa ajo cilantro o humus de aguacate)

Instrucciones:

1. Pon las verduras y frutas en capas de la manera que desees.
2. Rocía humus y jugo de lima sobre él. Espolvorea pimienta.
3. Sirve inmediatamente.

Capítulo 5: Recetas de Bocadillos Vegetarianos Mexicanos
Elote Vegano

Prep: 15 min	Total: 75 min	Porciones: 8

Ingredientes:

- 8 mazorcas de maíz, hervidas y secadas.
- 1 taza de agua
- 2 tazas de anacardos
- 2 dientes de ajo, pelados
- 1 cucharadita de pimienta de cayena
- 1 cucharadita de polvo de chile mexicano
- 1 cucharadita de sal o al gusto
- 1 cucharadita de cúrcuma
- 4 cucharadas de jugo de lima + extra para servir
- 2 cucharadas de vinagre
- 2 cucharadas de cilantro fresco, picado

Instrucciones:

1. Pon los anacardos en un tazón. Añade agua, vinagre, jugo de limón, chile en polvo, cúrcuma, sal, y pimienta de cayena. Deja que la mezcla se remoje durante 1 1 1/2 horas.
2. Pasa a una licuadora y mezcla hasta que esté suave.
3. Transfiere la mezcla a un tazón. Pasa esta mezcla sobre el maíz. Cubre bien.
4. Colócalo en una parrilla precalentada durante 34 minutos. Voltea el maíz un par de veces mientras se cocina.

5. Adorna con cilantro. Espolvorea un poco más de jugo de limón y sirve.

Nachos de Tofu

Prep: 10 min	Total: 20 min	Porciones: 6-8

Ingredientes:

- 1/2 libras de tofu extra firme, escurrido, escurre el exceso de líquido, pícalo en cubos de 1 pulgada
- 1/2 tazas de frijoles refritos
- 1/2 tazas de salsa de tu elección
- 2 paquetes de condimento para tacos
- 6 tazas de chips de tortilla
- 1/2 cucharadas de aceite de oliva
- 1/2 latas (4 onzas cada una) de chiles verdes
- 1/2 tazas de queso cheddar vegano, rallado
- Crema agria vegana para servir

Instrucciones:

1. Pon el tofu en un tazón. Espolvorea el condimento para tacos sobre él. Mezcla bien.
2. Coloca una sartén grande a fuego medio-alto. Añade aceite. Cuando el aceite esté caliente, agrega el tofu y cocina por 10 a 12 minutos. 3. Dale la vuelta al tofu mientras se cocina. Retira del fuego.
3. Mientras tanto, coloca las tortillas en una bandeja de hornear grande. Coloca el tofu sobre las patatas fritas. Pon una capa con frijoles refritos, chiles verdes, salsa y finalmente queso.
4. Cocínalo en un horno precalentado a 375° F durante 10 minutos.
5. Rocía la crema agria vegetariana sobre él y sírvelo.

Rollos

Prep: 10 min	Total: 30 min	Porciones: 10

Ingredientes:

- 1 tortilla de harina vegetariana grande
- 1/2 taza de aguacate maduro, finamente picado
- 1/4 de taza de salsa de tomate
- 1/3 taza de frijoles refritos vegetarianos
- 1/4 de taza de cebolla roja, finamente picada
- 1/4 de taza de cilantro fresco, finamente picado
- 1/3 de taza de queso mexicano vegetariano para untar

Instrucciones:

1. Coloca la tortilla en tu tabla de cortar. Extiende el queso para untar sobre la tortilla.
2. A continuación, esparce los frijoles refritos seguidos de aguacate, cebolla, salsa y cilantro. Usando las manos, aplana suavemente los ingredientes.
3. Ahora enróllalo firmemente y colócalo con la costura hacia abajo. Corta en rebanadas de media pulgada de ancho. Alcanza para alrededor de 10 rollos
4. Sirve inmediatamente.

Nachos de Maíz Azul con Guacamole Casero

Prep: 10 min	Total: 30 min	Porciones: 6-8

Ingredientes:

- 4 tazas de chips de maíz azul
- 2/3 de taza de queso feta vegetariano, desmoronado
- 1 taza de guacamole
- 2 jalapeños, sin semillas, finamente picados
- 2/3 taza de pimiento rojo asado, picado
- 1/2 taza de cebolla roja, picada
- 3 tazas de queso cheddar vegano, rallado

Instrucciones:

1. Mientras tanto, coloca las tortillas en un gran plato para hornear. Pon en capas 1/3 del queso, 1/2 de las verduras, seguido de 1/3 del queso, las verduras restantes y finalmente el queso restante.
2. Cocínalo en un horno precalentado a 375° F durante 20 minutos. Sirve inmediatamente con guacamole.

Mini Tostadas de Maíz Asado

Prep: 10 min	Total: 35 min	Porciones: 6-8

Ingredientes:

- Mini tortillas de maíz, según sea necesario
- 1 cucharada de aceite de oliva
- 1 cebolla, finamente picada
- 2 latas de maíz
- 2 chiles jalapeños, finamente picados
- Jugo de 2 limas
- 2 cucharadas de cilantro fresco, picado
- Sal al gusto
- Pimienta en polvo al gusto

Instrucciones:

1. Si no hay mini tortillas disponibles, toma las tortillas normales y córtalas con un cortador de galletas para obtener mini tortillas.
2. Coloca las mini tortillas en una bandeja para hornear. Cocínalas en un horno precalentado a 400° F hasta que estén crujientes.
3. Mientras tanto, coloca una bandeja a fuego alto. Añade el aceite. Cuando el aceite esté caliente, agrega la cebolla, el maíz y los jalapeños y saltea hasta que las cebollas estén doradas.
4. Retira del fuego. Añade sal, pimienta, cilantro y jugo de limón y revuelve.
5. Coloca sobre las mini tostadas y servir.

Mini Quesadillas Mexicanas

Prep: 5 min	Total: 15 min	Porciones: 8-10

Ingredientes:

- 8-10 mini tortillas de harina, divididas
- 2 onzas de salsa de chile verde
- 1/2 taza de frijoles negros cocidos, machacados
- 1/2 aguacate maduro, picado
- 1/2 taza de espinacas cocidas
- Sal al gusto
- Pimienta en polvo al gusto
- Salsa como se requiere
- 1 aguacate maduro, pelado, deshuesado, cortado en rodajas finas.
- Spray de cocina

Instrucciones:

1. Si no hay mini tortillas disponibles, toma las tortillas normales y córtalas con un cortador de galletas para obtener mini tortillas.
2. Pon la mitad de las mini tortillas en una bandeja para hornear engrasada. Esparce el puré de frijoles negros en la mitad de las tortillas. Esparce la salsa de chile sobre ellas.
3. Esparce la mezcla de espinacas sobre la capa de salsa de chile. Espolvorea sal y pimienta sobre las espinacas. Cubre cada una con las tortillas restantes.
4. Coloca una sartén antiadherente a fuego medio. Rocía el spray de cocina sobre ella. Coloca suavemente 2-3 quesadillas preparadas en la sartén. Cocina hasta que la parte inferior esté dorada y crujiente. Voltea los lados con cuidado (puedes apoyarte con la mano). Cocina hasta que se dore.

5. Colócala en una bandeja de servir. Coloca las rebanadas de aguacate sobre las quesadillas. Esparce un poco de salsa sobre ellas y sírvelas.

Capítulo 6: Plato Principal Vegano Mexicano
Enchiladas de Patata

Prep: 15 min	Total: 60 min	Porciones: 6

Ingredientes:

- 6 tortillas integrales
- 3 tazas de cebollas, picadas
- 1 1/2 tazas de batatas, peladas, picadas, cocidas
- 1 pimiento grande, picado
- 4 dientes de ajo, picados
- 2 tazas de espinacas, picadas
- 1 1/2 cucharadas de aceite de oliva extra virgen
- 3 tazas de frijoles negros cocidos, escurridos, enjuagados
- 3 1/2 4 tazas de salsa para enchiladas
- 1 cucharadita de ajo en polvo
- 3 cucharaditas de comino molido
- 1 cucharadita de sal o al gusto
- 1 1/2 cucharaditas de chile en polvo
- 4 cucharadas de jugo de limón
- 2 cucharadas de levadura nutricional + extra para el topping
- Crema de aguacate con comino, consulta el capítulo 2
- 1 cebolla verde, en rodajas finas
- 2 cucharadas de cilantro fresco

Instrucciones:

1. Coloca una sartén a fuego medio. Añade aceite. Cuando el aceite esté caliente, agrega las cebollas y saltéalas hasta que las cebollas estén translúcidas.

2. Baja el fuego, añade el ajo y saltear durante un par de minutos.

3. Añade el pimiento, las batatas, las judías negras y las espinacas y caliéntalas bien. 4. Añade la salsa para enchiladas y revuelve.

4. Añade el resto de los ingredientes y caliéntalos bien. Prueba y ajusta los condimentos si es necesario.

5. Toma un plato grande para hornear y esparce una taza de la mezcla cocida por todo el fondo del plato.

6. Esparce las tortillas en tu área de trabajo. Pon aproximadamente media taza de la mezcla de frijoles en cada tortilla. Enróllala y colócala en la bandeja de hornear con la costura hacia abajo.

7. Esparce la mezcla restante sobre las enchiladas. Espolvorea el queso por encima.

8. Introduce en un horno precalentado a 350° F durante 20 minutos.

9. Rocía la crema de aguacate con comino encima. Espolvorea cilantro y cebollas verdes y sirve.

Fajitas de Poblano y Portobello

Prep: 10 min	Total: 30 min	Porciones: 6

Ingredientes:

- 2 pimientos verdes, sin semillas, cortados en rodajas finas.
- 2 pimientos rojos, sin semillas, cortados en rodajas finas.
- 2 chiles poblanos, sin semillas, cortados en rebanadas finas.
- 2 jalapeños, sin semillas, cortados en rodajas finas.
- 8 champiñones Portobello, quitar los tallos, limpiar, cortar en rodajas finas
- 1 cebolla blanca grande, cortada en rodajas finas y redondas.
- 2 cucharadas de aceite de oliva
- Guacamole al gusto
- 1 cucharadita de ajo en polvo
- 1 cucharadita de comino molido
- 1/2 cucharadita de sal o al gusto
- 12 tortillas pequeñas
- 2 cucharadas de cilantro fresco, picado
- 1/2 taza de queso vegetariano, rallado
- Salsa vegetariana de filete a gusto (opcional)
- Salsa al gusto
- Salsa picante (opcional)

Instrucciones:

1. Coloca una sartén a fuego medio. Añade 1 1/2 cucharadas de aceite. Cuando el aceite esté caliente, agrega las cebollas y los pimientos y saltéalos hasta que estén translúcidos.

2. Añade el ajo en polvo, el comino y la sal y saltea hasta que se dore. Retira de la sartén y deja a un lado.
3. Añade media cucharada de aceite a la sartén. Añade los champiñones y saltéalos hasta que estén suaves. Añade sal y la salsa para bistec. Revuelve y retira del fuego.
4. Calienta las tortillas y colócalas en tu área de trabajo. Pon un poco de la mezcla de cebolla encima. Coloca un poco de la mezcla de champiñones, guacamole, salsa y queso. Envuelve y sirve.

Cazuela de Calabacines

Prep: 20 min	Total: 65 min	Porciones: 4

Ingredientes:

- 5 tazas de calabacín, rallado
- 3 cucharadas de harina de linaza
- 1 cebolla pequeña, picada
- 3/4 taza de mezcla para hornear bizcocho.
- 3 onzas de agua
- 2 cucharadas de cilantro fresco, picado
- 2 cucharadas de aceite de oliva extra virgen
- 4 cucharadas de levadura nutricional + extra para el topping
- 1/2 cucharadita de sal
- 1/2 cucharadita de pimienta en polvo
- 2 jalapeños, sin semillas, finamente picados.

Instrucciones:

1. Para hacer un sustituto del huevo: Mezcla en un tazón, la harina de linaza y el agua. Colócalo en el refrigerador durante 15-20 minutos.
2. Mezcla en un tazón, calabacín, cebollas, cilantro y jalapeños.
3. Saca el sustituto del huevo del refrigerador y ponle aceite. Mezcla bien y vierte la mezcla de calabacín. Mezcla hasta que esté bien combinado.
4. Agrega la mezcla de bizcocho, la sal, la pimienta y la levadura nutricional y revuelve de nuevo. Transfiere esta mezcla a un plato para hornear forrado o engrasado.
5. Espolvorea la levadura nutricional encima.

6. Hornea en un horno precalentado a 375° F durante 45 minutos o hasta que se dore.
7. Servir inmediatamente.

Arroz Mexicano

Prep: 10 min	Total: 30 min	Porciones: 4

Ingredientes:

- 1/2 lata de 14,5 onzas de tomates cortados en dados con su líquido
- 3 1/2 onzas de maíz
- 1/2 lata de 14,5 onzas de tomates con chiles verdes con su líquido
- 1 cebolla pequeña, picada
- 1 pimiento verde pequeño, picado
- 1 cucharada de aceite de oliva
- 1/2 taza de arroz blanco
- 3/4 de taza de agua
- 2 3 cucharadas de salsa suave
- 2 cucharadas de aceitunas negras, sin hueso, en rodajas
- 1 chile jalapeño, en rodajas
- Crema agria vegana para servir
- Queso vegano, rallado para servir

Instrucciones:

1. Coloca una cacerola a fuego medio. Añade aceite. Cuando el aceite esté caliente, agrega el pimiento y las cebollas y saltea hasta que las cebollas estén translúcidas.
2. Añade el resto de los ingredientes excepto la crema agria y el queso. Revuelve y lleva a ebullición.
3. Baja el fuego, cubre y cocina hasta que el arroz esté tierno.
4. Sirve adornado con crema agria vegetariana y queso.

Tacos de Vegetales Mixtos

Prep: 10 min	Total: 30 min	Porciones: 3

Ingredientes:

- 6 cáscaras de tacos duros
- 1 pimiento rojo pequeño, en rodajas
- 1 pimiento amarillo pequeño, en rodajas
- 1 pimiento rojo, en rodajas
- 1 cebolla pequeña, en rodajas
- 810 hongos Portobello bebé
- 1/2 calabaza amarilla pequeña, picada
- 1/2 calabacín pequeño, picado
- 2 cucharadas de condimento para tacos
- Sal al gusto
- Pimienta en polvo al gusto
- 2 cucharadas de aceite de oliva
- 1/2 taza de queso fresco vegetariano
- 2 cucharadas de cilantro
- 1/2 taza de lechuga, cortada en tiras finas
- 1/4 de taza de crema agria vegetariana
- 1/4 de cucharadita de comino molido
- 1/4 de cucharadita de chile en polvo
- Una pizca de sal

Instrucciones:

1. Coloca una sartén a fuego medio. Añade aceite. Cuando el aceite esté caliente, agrega todas las verduras y los hongos y cocina hasta que estén tiernos.

2. Mientras tanto, haz la salsa como se indica a continuación: Mezcla la crema agria vegana, el comino, el chile en polvo y la sal y déjala a un lado.
3. Pon las verduras cocidas en las cáscaras de los tacos. Espolvorea el queso, el cilantro y la lechuga.
4. Pon un poco de salsa y sirve.

Cazuela de Burritos

Prep: 20min	Total: 1 hr. 05min	Porciones: 8

Ingredientes:

- 1 1/2 tazas de arroz blanco
- 2 paquetes (12 onzas cada uno) de hamburguesas de soya desmenuzadas
- 2 latas de 28 onzas de tomates enteros, conserva alrededor de 1/2 taza de jugo y escurre el resto.
- 2 cucharaditas de comino molido
- 3 cucharaditas de chile en polvo o al gusto.
- 2.5 onzas de mezcla de condimento para taco
- 2 latas de 14,25 onzas de frijoles refritos veganos, divididos
- 3 tazas de salsa, divididas
- 4 jalapeños frescos, sin semillas, cortados en rodajas finas, divididos
- 5 tazas de queso cheddar vegano, rallado, dividido
- 4 tortillas de harina de 10 pulgadas

Instrucciones:

1. Coloca una cacerola a fuego medio. Añade agua y arroz y revuelve. Deja que hierva.
2. Baja el fuego, tapa y cocina hasta que el arroz esté tierno.
3. Mientras tanto, coloca una sartén a fuego medio. Añade a la sartén las migajas de soja, los tomates, 1/2 taza del líquido de tomate retenido, el chile en polvo, el comino en polvo y el condimento para tacos. Cocina durante unos 10 minutos, haciendo un ligero puré simultáneamente. Retira del fuego.

66

4. Engrasa 2 platos para hornear con un poco de aceite. Coloca una tortilla en cada uno.

5. Esparce 1/4 de cada uno de los siguientes en capas en los 2 platos. Pon en capas los frijoles seguidos de la mezcla de jalapeño, arroz, salsa y soja. Espolvorear 1 taza de queso en cada uno de los platos.

6. Coloca una tortilla de harina en la capa de queso. Repite el paso 5 con el resto de los ingredientes. Finalmente, cubre con el queso restante.

7. Hornea en un horno precalentado a 375° F durante 15 minutos o hasta que se dore.

8. Sirve inmediatamente.

Capítulo 7: Recetas de postres vegetarianos mexicanos
Pudín de Chocolate Mexicano

Prep: 10 min	Total: 12 min + Tiempo de reposo	Porciones: 4

Ingredientes:

- 1/2 libra de tofu de seda
- 6 cucharadas de azúcar
- 6 cucharadas de agua
- 4 onzas de chocolate oscuro o agridulce, derretido
- 1/4 de cucharadita de pimienta de cayena
- 3/4 de cucharadita de canela molida
- 1/2 cucharadita de extracto de vainilla

Instrucciones:

1. Vierte agua en una pequeña cacerola y coloca la cacerola a fuego medio. Añade el azúcar y calienta hasta que el azúcar se disuelva.
2. Retira del fuego y deja enfriar durante un tiempo.
3. Añade todos los ingredientes (incluyendo la solución de azúcar) al procesador de alimentos y mézclalos hasta que quede suave y cremoso.
4. Viértelo en los contenedores y refrigéralo hasta que se enfríe.

Pudín de Semillas de Chía y Chocolate

Prep: 2 min	Total: 8 hrs. + Tiempo de reposo	Porciones: 4

Ingredientes:

- 2/3 taza de semillas de chía
- 1/4 de taza de cacao en polvo, sin azúcar.
- 2 tazas de leche de almendras, sin azúcar.
- 2 cucharadas de jarabe de arce o más
- 2 cucharaditas de canela molida

Instrucciones:

1. Añade todos los ingredientes a un tazón y revuelve.
2. Cubre y coloca en el refrigerador durante la noche.
3. Vierte los ingredientes en una licuadora y bate hasta que esté suave.
4. Vuélvelo a poner en el tazón. Enfríalo y sírvelo.

Churros

Prep: 5 min	Total: 20 min	Porciones: 4

Ingredientes:

Para los churros:

- 1/2 taza de harina para todo uso
- 1/2 taza de agua
- 1 cucharada de aceite vegetal + 2 tazas para freír
- 1 cucharada de azúcar granulada
- 1/4 de cucharadita de sal

Para el azúcar con canela:

- 1 cucharadita de canela molida
- 1/4 de taza de azúcar granulada

Instrucciones:

Toma una pequeña sartén profunda y añade unas 2 tazas de aceite vegetal en ella. Coloca la sartén a fuego medio.

Mientras tanto, mezcla la canela molida y el azúcar para hacer azúcar con canela y déjalo a un lado.

Coloca una cacerola pequeña a fuego medio. Añade una cucharada de aceite vegetal, una cucharada de azúcar granulada y sal y revuelve.

Pon a hervir. Retira del fuego y añade la harina. Bate hasta que se forme una masa suave.

Pasa la masa a una manga que tenga una boquilla.

Cuando el aceite alcance los 375° F, saca la masa de la manga de repostería. Los churros deben tener unas 4 pulgadas de largo. Cuando alcancen las 4 pulgadas, córtalos con un cuchillo.

Fríe en el aceite hasta que se doren. Sácalos con un cucharón y colócalos sobre toallas de papel.

Reboza los churros en la mezcla de azúcar y canela y servir.

Pastel de Manzana Mexicano

Prep: 15 min	Total: 1 hr. 30min	Porciones: 10-12

Ingredientes:

- 6 manzanas Granny Smith, peladas, sin corazón, en rodajas
- 1 1/2 tazas de piñones
- 1 taza de azúcar morena
- 1 taza de azúcar blanca
- 6 cucharadas de harina
- 1 1/2 tazas de chiles verdes de Hatch enlatados
- 1 1/2 cucharaditas de jengibre molido
- 4 cucharaditas de canela molida
- 2 cucharadas de jugo de limón
- 4 costras de pastel de 9 pulgadas

Instrucciones:

1. Mezcla en un tazón, canela, jengibre y manzanas. Mezcla y deja a un lado por un tiempo. Añade los chiles verdes y mezcla de nuevo.
2. Coloca 2 costras de pastel en 2 platos. Coloca los piñones en el fondo de la corteza. Divide y extiende el relleno de manzana sobre los piñones.
3. Cubre estos rellenos de corteza con las 2 restantes. Cubre con papel de aluminio.
4. Hornea en un horno precalentado a 425° F durante 15 minutos. Baja la temperatura a 400° F y hornea durante unos 45-50 minutos hasta que se doren. Retira el papel de aluminio después de unos 30 minutos de horneado.

Helado de Aguacate

Prep: 10 min	Total: 1 hr. 20 min + Tiempo de congelado	Porciones: 4

Ingredientes:

- 3/4 de taza de puré de aguacate maduro
- 2/3 de taza de azúcar
- 3/4 de taza de agua
- 3 cucharadas de tequila
- 2 cucharadas de jugo de lima
- 1 cucharadita de cáscara de limón, rallada para adornar

Instrucciones:

1. Añade el puré de aguacate, agua, azúcar, jugo de lima y tequila en el procesador de alimentos y mezcla hasta que esté suave.
2. Pasa a un tazón y refrigera la mezcla durante al menos una hora.
3. Vierte en máquina de helados y congélala según las instrucciones del fabricante o en el congelador durante unas 4 horas.
4. Colócala en un tazón y sírvela.

Arroz con Leche Mexicano

Prep: 10 min	Total: 20 min	Porciones: 3-4

Ingredientes:

- 1/2 taza de arroz de grano largo
- 2 tazas de leche de arroz
- 1/4 de taza de agua
- 1/3 taza de leche condensada vegana
- 3 cucharadas de azúcar
- Canela en rama de 1 pulgada
- Una tira de 1 pulgada de cascara de naranja
- Cáscara de limón de una pulgada
- 1/2 cucharadita de extracto de vainilla
- 1/4 de taza de pasas de uva
- 1/4 de cucharadita de nuez moscada molida

Instrucciones:

1. Vierte la leche de arroz y el agua en una cacerola y colócala a fuego medio-bajo. Añade el arroz, la canela, la cáscara de naranja y la cáscara de limón.
2. Revuelve, cubre y cocina a fuego lento durante 10 minutos.
3. Añade la leche condensada, el azúcar y remueve. Cubre y cocina a fuego lento durante 5 minutos.
4. Añade el resto de los ingredientes y cocina a fuego lento hasta que el arroz esté tierno (sin tapa).
5. Desecha la canela, la cáscara de limón y la cáscara de naranja. Deja enfriar.
6. Sirve adornado con nuez moscada molida.

Pudín de Mango

Prep: 10 min	Total: 12 min + Tiempo de reposo	Porciones: 10-12

Ingredientes:

- 1 taza de almendras crudas
- 4 plátanos, pelados, cortados en rodajas
- 8 mangos maduros, pelados, deshuesados, cortados en cubos
- 10 dátiles, deshuesados
- 1/2 taza de coco rallado, sin azúcar.
- 1 cucharadita de canela molida
- 2 cucharaditas de extracto de vainilla

Instrucciones:

1. Añade las almendras al tarro del procesador de alimentos y muele hasta que estén bien trituradas.
2. Añade mangos, plátanos, dátiles, coco rallado y extracto de vainilla en el tarro y mezcla hasta que esté suave.
3. Transfiere a los recipientes individuales. Espolvorea canela.
4. Coloca en el refrigerador y deja enfriar.

Conclusión

Me gustaría agradecerte de nuevo por comprar este libro y espero que te hayas divertido tanto haciendo las recetas como yo mientras las creaba. Ya he hablado de que ser vegetariano no significa que sólo tengas que elegir entre un número limitado de alimentos. En cambio, tienes la oportunidad de explorar y experimentar mucho. Puedes crear comida absolutamente deliciosa con muchos ingredientes diferentes si lo deseas. Si seguiste todas las recetas del libro, entonces debes haberte dado cuenta de las opciones disponibles para un vegano.

Los ingredientes mencionados en este libro son realmente exóticos. Pueden ser usados para muchos propósitos y si dejas volar tu imaginación entonces seguramente podrás crear recetas que son absolutamente exquisitas y que se adaptan a tu paladar. Los ingredientes son fáciles de conseguir y no se necesitaría mucho para encontrarlos en el mercado local.

Si realmente quieres romper con la monótona dieta vegetariana, entonces este es definitivamente el libro para ti. Todo lo que tienes que hacer es poner un poco de esfuerzo para crear estas recetas que definitivamente disfrutarás.

Los platos mexicanos generalmente no se consideran veganos y es realmente difícil encontrar platos mexicanos vegetarianos. Este libro se asegurará de que seas capaz de cocinar comida mexicana tradicional y al mismo tiempo que seas capaz de seguir tu estilo de vida vegano. También se asegurará de que no comprometas el sabor. La combinación de platos mexicanos y veganos es extremadamente complementaria entre sí. Deja mucho espacio para la experimentación y para hacer cambios en los platos tradicionales con el fin de hacerlos veganos.

Lightning Source UK Ltd.
Milton Keynes UK
UKHW040913031020
370944UK00003B/118